CAISSE NATIONALE

de prévoyance.

ASSOCIATION GÉNÉRALE

DES

TRAVAILLEURS DES DEUX SEXES.

STATUTS.

PARIS

IMPRIMERIE CENTRALE DE NAPOLÉON CHAIX ET Cⁱᵉ,

Rue Bergère, 8, près le boulevart Montmartre.

1848.

STATUTS.

Par-devant, etc.

A comparu :

M. Louis-Pierre SOYEZ, propriétaire, demeurant à Paris,
rue des Fossés-du-Temple, n° 68 ;

Lequel, préalablement aux statuts qui sont l'objet des présentes, a fait l'exposé ci-après :

EXPOSÉ.

Aujourd'hui que tous les bons citoyens dirigent leurs efforts
vers l'amélioration du sort de la grande famille des travailleurs,
chacun doit son tribut à cette amélioration.

La fraternité, l'un des trois grands principes de la sublime
devise de la République, resterait un vain mot, si elle n'était
mise en pratique ; or, c'est un devoir que de coopérer à sa réa-
lisation.

M. Soyez s'est vivement et profondément préoccupé de cette
grave question : « *Garantir aux travailleurs des deux sexes des*
» *secours réels et immédiats en cas de maladie, en cas de bles-*
» *sures entraînant incapacité de travail, en cas de chômage*
» *indépendant de leur volonté ; leur préparer une pension via-*
» *gère lorsque les* MALADIES OU LES INFIRMITÉS *les rendront*
» *invalides au travail ; leur assurer enfin une existence*
» *douce et paisible, lorsque, les forces venant à leur faire dé-*
» *faut, ils n'ont plus, dans l'état actuel de la société, d'autre*

» *perspective que la misère ou l'hôpital.* » Telle est la tâche que M. Soyez s'est imposée.

L'Association pour une mutualité d'intérêts égaux et réciproques lui a seule offert les moyens d'atteindre sûrement ce but, et il est ressorti pour lui cette vérité incontestable que, plus l'association sera vaste et étendue, plus ses bienfaits seront larges et efficaces.

Par ses calculs sages et approfondis, M. Soyez s'est convaincu qu'au moyen d'une économie de *cinq centimes* par jour, confiée à la Caisse de secours mutuels et fraternels, les travailleurs des deux sexes trouvaient le moyen infaillible de mettre leur vieillesse ou leur invalidité à l'abri des misères qui viennent les assiéger.

Et c'est pour réaliser son œuvre, que l'on peut à juste titre qualifier d'œuvre philanthropique et toute fraternelle, que M. Soyez a résolu de fonder l'Association générale des Travail- des deux sexes.

Ceci exposé, M. Soyez a établi les statuts de l'association qu'il entend former de la manière suivante.

TITRE Ier.

Objet de l'Association. — Sa constitution.

ART. 1er.

Il est formé, par ces présentes, une association générale entre les travailleurs des deux sexes âgés de 15 à 50 ans, sous le titre de *Caisse nationale de prévoyance.*

Pourront faire partie de l'association, les ouvriers des deux sexes, travaillant au mois ou à l'année dans les usines, manufactures ou ateliers ; les domestiques à gages, les concierges, etc.

Toute demande de souscription, qui ne paraîtrait pas rentrer dans l'une des catégories ci-dessus, pourra être refusée par le Directeur, mais après avoir pris l'avis du Comité de patronage.

ART. 2.

Les opérations de l'association commenceront par être appliquées aux travailleurs des départements de la Seine et de Seine-et-Oise.

Par la suite, ces opérations seront appliquées dans toute la France et par catégories de départements, qui seront ultérieurement fixées.

ART. 3.

La Caisse nationale de prévoyance est fondée par des souscriptions annuelles, payables par douzièmes.

L'association commencera ses opérations le 15 juillet 1848.

Le titre de l'association explique suffisamment que son but est de procurer à tous les Sociétaires des secours réels et immédiats pour le présent, et des ressources pour l'avenir. Il ne s'agit donc, pour la Société, que de gérer et administrer les fonds provenant des souscriptions, sous la surveillance spéciale d'un Comité de patronage et d'un Conseil de surveillance; en conséquence, la durée de l'association est illimitée.

ART. 4.

Le siége de la Société est fixé à Paris, rue du Faubourg-Poissonnière, n°   Il pourra être changé dans l'intérêt de la Société, mais il devra toujours être à Paris.

TITRE II.

Inscriptions. — Cotisations.

ART. 5.

La caisse de l'association se composera :

1° Du produit des souscriptions annuelles de tous les travailleurs des deux sexes, adhérents;

2° Et des intérêts capitalisés de toutes les sommes dont il n'aura pas été fait emploi.

ART. 6.

La cotisation annuelle de chaque souscription est fixée à *dix-huit francs*, payables par mois et par avance, indépendamment de *dix centimes* par mois, formant l'indemnité allouée à forfait au Directeur général pour tous frais de gestion et d'administration.

Il sera versé immédiatement, et en souscrivant, une somme de 1 fr. 50 c. pour le premier douzième de la souscription annuelle, et 60 c. pour le premier semestre des dits frais d'administration et de gestion.

Les onze douzièmes restant de la souscription seront versés, de mois en mois, pendant le cours de ladite année.

Le second semestre des frais d'administration se payera en même temps que le septième douzième, et ainsi de suite et de la même manière pendant toute la durée de la souscription.

Les souscripteurs auront le droit d'anticiper leurs versements de la quotité qui leur conviendra.

Les polices de souscription seront extraites de registres à souche, signées par les souscripteurs et par le Directeur général.

Elles porteront un numéro d'ordre.

La mention des payements de chaque douzième sera constatée au moyen d'une estampille apposée au dos de la police.

Par le seul fait de la souscription, le souscripteur donne adhésion pleine et entière aux présents statuts, et s'oblige à en exécuter toutes les clauses et conditions.

Art. 7.

Les fonds provenant des souscriptions seront, à la diligence du Directeur général, déposés provisoirement à la Banque de France, pour être ensuite, sur la décision du Comité de patronage, convertis soit en rentes sur l'État, soit en bons du Trésor, soit en acquisition d'immeubles, ou, enfin, employés de la manière qui serait indiquée par ce Comité, dans l'intérêt de l'Association.

Toutefois, le Directeur est autorisé à conserver toujours en caisse une somme de 5,000 fr. pour parer à toutes éventualités.

Art. 8.

Les souscriptions des départements de la Seine et de Seine-

et-Oise seront reçues au siége de l'association, où les cotisation
mensuelles devront être versées.

ART. 9.

Toutes les souscriptions partiront du 1er du mois dans lequel
elles auront été faites. Elles auront lieu pour cinq ans au moins
et pourront toujours être renouvelées.

ART. 10.

En cas de décès d'un souscripteur, tous ses droits et avantage
s'éteignent avec lui et rentrent dans la propriété de l'association, sans que ses héritiers ou ayant-cause puissent élever aucune prétention à cet égard.

ART. 11.

Tout sociétaire en retard de trois mois pour le payement d
sa cotisation mensuelle, sera déchu de ses droits, s'il ne se li-
bère des sommes par lui dues dans le mois suivant, sur l'avi
qui lui en sera donné par simple lettre du Directeur général, a
domicile indiqué dans la police.

TITRE III.

Secours, Pensions et Prêts.

ART. 12.

Les secours à accorder au moyen des ressources créées er
l'article 5, seront :

1° Des indemnités journalières et temporaires, en cas de maladies ;

2° Des indemnités aussi journalières et temporaires, en ca
de chômage ;

3° Des pensions viagères ;

4° Des prêts pour frais d'établissements.

ART. 13.

Secours journaliers en cas de maladie.

Le service des indemnités journalières, en cas de maladie

commencera, pour chaque souscripteur, *un an* après le jour de sa souscription, et il sera réglé comme suit :

En cas de maladie ou d'accident quelconque, entraînant une incapacité de travail de plus de trois jours, l'indemnité sera, pour tout sociétaire (homme), de 1 fr. 50 c. par jour, et pour chaque sociétaire (femme), de 1 fr., aussi par jour.

L'association se charge, en outre, de payer les honoraires dus au médecin qu'elle aura commis pour soigner les malades.

Cette indemnité courra du jour où aura commencé l'incapacité de travail.

Par exception : 1° pendant les neuf jours qui suivront l'accouchement, l'indemnité des femmes sociétaires sera portée à 3 francs par jour ; 2° la femme veuve ayant des enfants aura droit, en cas de maladie, à une augmentation de secours de 25 c. par jour, par chacun de ses enfants âgé de moins de 15 ans.

ART. 14.

Toute demande de secours journaliers devra être appuyée d'un certificat d'un des docteurs-médecins de l'association, commis par le Directeur, indiquant la cause et la nature de la maladie ou de l'incapacité de travail.

Tous les cinq jours, ce certificat devra être visé par le docteur-médecin, tant que durera la maladie ou l'incapacité de travail du sociétaire.

ART. 15.

Secours journaliers en cas de chômage.

Le but de l'association étant d'apporter assistance immédiate à ceux de ses membres réellement nécessiteux, elle doit repousser l'abus de toutes ses forces. Aussi, pour qu'elle puisse agir équitablement et d'après les principes sacrés de l'association, le sociétaire en chômage devra produire un certificat du dernier patron chez lequel il aura travaillé, constatant le jour et les causes de sa cessation de travail.

Ce certificat devra être visé par trois membres faisant, depuis un an au moins, partie de l'association.

Il sera payé, à titre de secours, au sociétaire en chômage, 1 franc par jour, à compter de sa demande.

. Chaque semaine, il devra produire une nouvelle attestation, signée de trois sociétaires, pour justifier qu'il est encore en chômage.

Les secours, en cas de chômage, ne pourront durer plus d'un mois.

ART. 16.

Pensions viagères.

Tout sociétaire qui se trouvera dans les conditions prévues par l'art. 18 ci-après, aura droit à une pension annuelle et viagère dans les proportions suivantes :

Après 5 ans de souscription, de. . . . . . 100 fr.
Après 10 ans, de. 200
Après 15 ans, de. 300
Après 20 ans, de. 450
Après 25 ans, de. 600

ART. 17.

Tout souscripteur qui n'aura pas profité de la faculté que lui accorde l'art. 9 des présents statuts, et aura fait liquider sa pension dans une des catégories qui précèdent, ne pourra plus rentrer dans l'association.

ART. 18.

Auront seuls droit à une des pensions viagères déterminées par l'art. 16, les sociétaires qui, après l'expiration des cinq, dix, quinze, vingt ou vingt-cinq années de leur souscription, *seront reconnus invalides ou incapables de pourvoir à leur existence.*

ART. 19.

Les demandes en règlement de pension viagère seront remises au Directeur général; elles seront appuyées :

1° D'un certificat signé par cinq membres sociétaires depuis cinq ans au moins, attestant la position du réclamant ;

2° D'un certificat de deux des docteurs-médecins de l'association, constatant les causes, le degré d'invalidité et d'incapacité de travail du réclamant.

ART. 20.

Toutes demandes de secours ou pensions seront soumises au Comité de patronage, qui statuera sur leur mérite et leur valeur.

ART. 21.

Toutefois, en cas d'urgence signalée, le Directeur général pourra accorder les premiers secours provisoires, sauf à en référer ensuite au Comité de patronage.

ART. 22.

Si le Comité du patronage décidait que le sociétaire demandant à jouir du bénéfice de la pension viagère n'est point dans les conditions prescrites par l'art. 18, il pourra néanmoins équitablement déterminer un secours temporaire en harmonie avec la situation réelle du demandeur.

TITRE IV.

Prêts.

ART. 23.

Après cinq ans de souscriptions, le sociétaire pourra s'adresser au Directeur, afin d'obtenir un prêt pour subvenir aux frais de premier établissement.

La demande devra être appuyée par dix membres, sociétaires depuis quatre ans au moins.

Elle sera soumise par le Directeur au Comité de patronage, qui statuera.

La décision du Comité de patronage ne sera définitive qu'après avoir été sanctionnée par le Conseil de surveillance.

Dans tous les cas, le prêt ne pourra excéder 500 fr., qui seront remboursables dans les termes qui sont fixés par le Comité de patronage, d'accord avec le Conseil de surveillance.

TITRE V

Comité de Patronage.

ART. 24.

L'intérêt des travailleurs exigeant une active surveillance des fonds qu'ils confieront à l'association, il sera établi près de cette association un Comité de patronage composé de membres étrangers à l'association, connus par leur caractère de moralité, qui voudront bien accepter cette mission.

Les fonctions de ce comité auront pour objet :

1° De veiller à l'exécution des présents statuts, dans toutes leurs dispositions ;

2° De déterminer l'emploi des fonds provenant des souscriptions, aux termes de l'art. 7 ;

3° D'arrêter et fixer la liquidation des pensions viagères ;

4° Enfin de surveiller la gestion du Directeur et de se faire réprésenter les livres, les écritures et la caisse, chaque fois qu'il le jugera convenable.

ART. 25.

Le Comité de patronage pourra déléguer un ou plusieurs de ses membres pour prendre, même chaque jour, si bon lui semble, connaissance des opérations de l'association.

ART. 26.

Ce comité se réunira, au moins une fois par mois, au siége social.

Il pourra délibérer au nombre de cinq membres. Le plus âgé sera le président, et le plus jeune secrétaire.

Le Directeur devra exécuter les délibérations du Comité de patronage.

TITRE VI.

Conseil de Surveillance.

ART. 27.

Un Conseil de surveillance est institué près de l'association.

Comme il serait impossible de réunir tous les souscripteurs, ce conseil sera formé d'un souscripteur sur 200.

Le tirage fera connaître le nom de celui qui sera appelé à être membre du Conseil de surveillance.

Ce tirage sera fait par le Comité de patronage.

Il se fera par série de 200 souscripteurs. Les 200 premiers souscripteurs formeront la 1re série, et ainsi de suite de 200 en 200.

Conséquemment, le nombre des membres du Conseil de surveillance est illimité.

Art. 28.

Les membres du Conseil de surveillance resteront en fonctions pendant 5 ans.

Ils seront renouvelés par cinquièmes tous les ans. — Le sort déterminera les membres sortant à la fin des 1re, 2e, 3e et 4e années. — A partir de la 5e année, le renouvellement aura lieu suivant l'ordre d'ancienneté.

Les membres du Conseil de surveillance ne pourront rester en fonctions qu'autant qu'ils continueront à faire partie de l'association.

En cas de décès, de démission, ou de retrait de la société d'un des membres du Conseil de surveillance, le conseil pourvoiera lui-même à son remplacement par un tirage au sort, comme il a été dit ci-dessus.

Art. 29.

Le Conseil de surveillance sera présidé par l'un des membres du comité de patronage, qui choisira son secrétaire.

Il se réunira tous les ans, au siége social et même plus souvent, sur la convocation du Directeur ou du Comité de patronage, si les intérêts de l'association l'exigent.

Art. 30.

Les attributions de se conseil sont:

1o De décider à l'expiration de la première année de l'association, pendant laquelle il ne sera fait aucune distribution de secours, si le nombre des souscripteurs est suffisant pour que le produit des cotisations puisse assurer la durée bienfaisante de l'association.

Dans le cas de l'affirmative, la société serait continuée; mais dans le cas contraire, les fonds déposés par chaque sociétaire lui seraient rendus, moins toutefois les frais de gestion de 60 c. par semestre, mentionnée en l'art. 6, qui sont alloués à forfait au Directeur;

2° D'entendre, vérifier et appuyer les comptes du Directeur;

3° De prononcer sur toutes les questions qui seraient mises à l'ordre du jour.

ART. 31.

Les convocations du Conseil de surveillance auront lieu par lettres du Directeur général, adressées à chaque membre, et par une insertion faite dans deux des journeaux d'annonces légales des Départements de la Seine et de Seine-et-Oise.

L'assemblée pourra délibérer, quel que soit le nombre des membres présents.

Les délibérations du Conseil de surveillance seront obligatoires pour tous les membres de l'association.

TITRE VII.

Administration — Direction.

ART. 32.

Le Directeur général a pour fonctions de diriger, dans toutes ses parties, les affaires de l'association, la correspondance, les écritures, etc., et de fournir au Comité de patronage et au Conseil de surveillance tous états et renseignements propres à les éclairer sur la situation de l'association.

ART. 33.

M. Lazare Augé, propriétaire, demeurant à Paris, rue Las-cazes, N° 6, est désigné par M. Soyez, fondateur, comme Directeur général de l'association. Il pourra, sous sa responsabilité personnelle, s'adjoindre un sous-Directeur.

ART. 34.

Le Directeur général ne pourra être révoqué que pour cause de malversation.

La délibération emportant la révocation du Directeur général ne pourra être prise qu'à la majorité des deux tiers des voix des membres du Conseil de surveillance présents à la délibération, et sur les propositions du Comité de patronage.

ART. 35.

Le Directeur général nomme à tous les emplois et révoque tous employés qu'il a sous ses ordres. Il fixe leurs traitements et salaires.

ART. 36.

Il assiste aux séances du Comité de patronage et du Conseil de surveillance, avec voix consultative seulement.

ART. 37.

En cas d'empêchement ou d'absence motivée, le Directeur général pourra se faire représenter par son sous-Directeur.

ART. 38.

La comptabilité et toutes les autres écritures concernant l'administration seront tenues selon la loi, et sous la surveillance du Directeur général.

ART. 39.

Dans aucun cas, le Directeur général ne pourra garder en caisse plus de 5,000 fr., les fonds de l'association devant recevoir la destination immédiate qui leur est attribuée par l'art. 7.

ART. 40.

Il ne pourra retirer aucune somme de la Banque de France que sur un mandat motivé et signé de lui, visé par l'un des membres du Comité de patronage.

Il ne pourra faire tous transferts de rentes, ni aliéner les immeubles de la Société, qu'après y avoir été autorisé par une délibération spéciale du Comité de patronage, indiquant les motifs pour lesquels les transferts ou les ventes devront avoir lieu.

Il encaissera les bons du Trésor et recevra le montant des autres valeurs de la Société, sur ses seules quittances, visées par un membre du Comité de patronage.

Les sommes excédant les besoins seront de suite employées comme il est dit à l'art. 7.

ART. 41.

Il transmet au Comité de patronage toutes les demandes de secours et pensions qui lui sont adressées, ainsi que les pièces justificatives sur l'examen desquelles le Comité décide les sommes à accorder à chacun. Il lui remet en même temps l'état des ressources dont l'association dispose pour l'exercice courant.

ART. 42.

S'il est reconnu utile aux intérêts de l'association, le Directeur général pourra attacher à l'admistration un Conseil de santé, ainsi qu'un Conseil judiciaire, dont les membres seront choisis par lui et parmi les docteurs-médecins et les légistes des départements de la Seine et Seine-et-Oise, nommés pour la constatation de l'état d'invalidité des sociétaires réclamants, et statuer sur les affaires contentieuses de l'association.

TITRE VIII.

Dispositions générales.

ART. 43.

La Caisse nationale de prévoyance pourra recevoir les dons et offrandes qui lui seraient faits dans l'intérêt de l'association.

ART. **44**.

Si l'expérience démontrait la nécessité d'apporter des changements ou modifications aux présents Statuts, ces changements ou modifications ne pourraient être faits que sur la proposition du Directeur général, avec l'approbation du Comité de patronage.

ART. **45**.

Dans le cas où il serait nécessaire de faire publier les présents Statuts, tous pouvoirs sont donnés au Directeur général.

ART. **46**.

Par le seul fait de leur souscription, les sociétaires font élection de domicile dans les départements de la Seine et de Seine-et-Oise, au domicile indiqué dans la police, et toutes les contestations, dans les cas où il en surviendrait, seront jugées par deux arbitres, amiables compositeurs, qui statueront en dernier ressort.

En cas de partage, ces deux arbitres en choisiront eux-mêmes un troisième.

Dont acte.